AF498011

PÈRE ET FILS,

COMÉDIE EN UN ACTE, MÊLÉE DE COUPLETS.

Par MM. Mélesville et Paul Duport,

Représentée pour la première fois, à Paris, sur le théâtre du Vaudeville, le 7 mars 1837.

PERSONNAGES.	ACTEURS.	PERSONNAGES.	ACTEURS.
MATHIAS PÈRE, riche marchand de bestiaux.		LA COMTESSE DE STOPPS-SNACH.	Mme Guillemin.
MATHIAS FILS, sous le nom du BARON DE MUHLDORF. . .	M. Lafond.	CLEMENTINE, demoiselle de compagnie de la comtesse	Mlle L. Mayer.
LÉOPOLD, étudiant.	M. E. Taigny.	PETERS, valet de Mathias fils . .	M. Ballard.
HANTZ, ami de Mathias fils . . .	M. Hippolyte.	PIERRE	M. Ludovic.

La scène se passe aux eaux de Baden, à sept lieues de Vienne, en Autriche.

Le théâtre représente le jardin de l'hôtel des eaux. A droite du spectateur, un pavillon avec porte de côté et fenêtre en face du public. A gauche, un massif de bosquets conduisant au salon de l'hôtel et au corps principal de logis, dont on aperçoit quelques fenêtres au-dessus des arbres. Du même côté, une table de pierre, et des chaises de jardin. Au fond, des massifs d'arbres indiquant le parc.

SCENE PREMIERE.

(Au lever du rideau, on entend dans les salons, à gauche, le chœur suivant.)

CHOEUR, *dans la coulisse.*
AIR *d'Être aimé ou mourir.*
Sous cet ombrage aimable,
Amis, restons à table.
Le vin et la gaîté
Nous rendront la santé.

Sous cet ombrage aimable, etc.

LÉOPOLD, *arrivant de côté et écoutant.*

Encore à déjeuner!.. le Champagne, le punch qui circulent!.. ils appellent ça prendre les eaux! il y a plaisir à être malade!.... Aussi cette société de Baden réunit tout ce que l'Autriche a de plus noble!.. (*Avec un soupir.*) Je n'ai pas osé y paraître... moi, pauvre petit étudiant... qui n'ai pas même un titre... ce que tout le monde a en Allemagne... (*Regardant de côté.*) A la vérité... j'espérais rencontrer ici mademoiselle Clémentine, et causer un moment avec elle!.. ce n'est pourtant qu'une demoiselle de compagnie... mais si bonne, si gracieuse... je l'aime comme une archi-duchesse.... surtout depuis que je vois combien elle est malheureuse avec cette comtesse de Stopps-Snach... qui dit qu'elle la protége... parce qu'elle la gronde sans cesse!..

Air : *Restez, restez, troupe jolie.*
Ce n'est pas là ce qui m'étonne :
De jour en jour, avec rigueur,
Dans ses attraits l'âge moissonne,
Et rien n'inspire plus d'humeur,
Non, rien n'inspire plus d'humeur !
Femme qui devient vieille et laide,
S'irrite toujours en secret
Des grâces qu'une autre possède,
Comme d'un larcin qu'on lui fait !...
Les grâces qu'une autre possède,
Lui semblent un vol qu'on lui fait.

(*Regardant de côté.*) Justement, c'est elle... et ce baron ridicule, son prétendu !.. encore une figure que je ne peux pas souffrir !

(*Il se promène de côté.*)

SCENE II.

LÉOPOLD, *de côté*, MATHIAS FILS, *en négligé de dandy** *, donnant la main à la Comtesse.*

LA COMTESSE. Mais, baron, c'est de la tyrannie !..

MATHIAS FILS. Du tout, belle dame... après déjeuner, la cavalcade... c'est de rigueur... c'est le régime des eaux !..

LA COMTESSE. J'attends ma migraine...

MATHIAS FILS, *riant.* Raison de plus... il faut lui faire une réception à cheval...

LA COMTESSE. Toujours de l'esprit !....

MATHIAS FILS. Oh !.. quelque facilité... le coup de fouet !.. à la française... j'adore ce qui vient de France...

LA COMTESSE, *avec dédain.* Ah !.. fi donc ! baron... ne me parlez pas de ce pays-là... c'est lui qui a bouleversé toutes les têtes en Allemagne !.... Le mépris du rang, le respect pour le mérite... tous les malheurs possibles... c'est la révolution française qui en est cause !..

MATHIAS FILS. Je suis de votre avis !.. aussi je n'aime que sa littérature et sa cuisine !.... ça forme le goût ! (*Lui baisant la main.*) Allons !.. allons !.. à votre toilette ! j'ai demandé les chevaux !..

LA COMTESSE, *tendrement.* Vous faites de moi tout ce que vous voulez...

MATHIAS FILS, *à part.* Si je pouvais en faire une femme de vingt-cinq ans.

LA COMTESSE. Plaît-il ?..

MATHIAS FILS. Je dis... que bientôt... c'est moi qui serai votre esclave !.... nous signerons le contrat aujourd'hui... j'ai invité toute la ville... et cette tendresse que vous m'avez jurée...

LA COMTESSE, *avec abandon.* Ah !.. je ne changerai jamais.

MATHIAS FILS, *à part, et la regardant.* C'est dommage !..

* Nous croyons devoir signaler aux artistes de province la manière comique dont M. Lafont *zozotte* dans le rôle du fils, pour mieux faire contraste avec la rude franchise d'organe et d'intonation qu'il imprime au personnage du père.

LA COMTESSE, *en sortant.* Je cours me préparer !..

(Elle sort par la gauche.)

SCENE III.
MATHIAS FILS, HANTZ, LÉOPOLD, *se promenant toujours de côté.*

HANTZ, *sortant de la galerie à gauche et jetant sa serviette au nez d'un domestique.* Que je vous y reprenne, monsieur Péters, et je vous fais chasser...

MATHIAS FILS. Qu'est-ce donc, Hantz?

HANTZ. Ton lourdaud de Péters qui t'appelle toujours M. Math... (*Apercevant Léopold.*) Chut... nous ne sommes pas seuls.

MATHIAS FILS, *lorgnant Léopold.* Qu'est-ce que c'est ?.. que voulez-vous, mon cher?

LÉOPOLD, *s'arrêtant.* Moi, monsieur le baron... je me promène... j'attends quelqu'un que je serais fort aise de voir... ce n'est pas vous.... ainsi vous êtes trop bon de vous inquiéter de ma présence !..

MATHIAS FILS. La réponse est peu française... je veux dire peu courtoise !..

HANTZ. Eh ! mais..... c'est M. Léopold, le galant chevalier de Mlle Clémentine !..

MATHIAS FILS. Comment?..

HANTZ. Oui... il y a trois jours... à une promenade... cet orage, ce torrent débordé qui avaient effrayé les chevaux... occupés de la comtesse, nous n'avions pas aperçu la pauvre Clémentine emportée par son noble coursier, lorsque monsieur s'élance...

MATHIAS FILS, *avec emphase.* Des chevaliers allemands... tel est le caractère.....

LÉOPOLD, *impatienté.* Il paraît que ce n'est pas celui des barons... car vous étiez d'une tranquillité...

MATHIAS FILS, *l'interrompant.* C'est bien, c'est très-bien, mon cher... je m'en souviendrai.. cette jeune personne est à ma femme... et tout ce qui est à la femme... appartient nécessairement... (*Hantz le pousse.*) c'est-à-dire non... enfin... je suis content de vous..... et si vous avez besoin de ma protection... pour être quelque chose !..

LÉOPOLD, *choqué.* Votre protection, monsieur le baron ?.... quand je vous la demanderai... vous serez libre de me l'accorder ou de me la refuser !.. (*A part.*) Le fat !.. tâchons de retrouver Clémentine !..

(Il sort par la gauche.)

SCENE IV.
MATHIAS FILS, HANTZ.

MATHIAS FILS, *le suivant des yeux.* Qu'est-ce qu'il a donc, ce petit monsieur ?..

HANTZ. C'est un indépendant !..

MATHIAS FILS. Oui. ... un jeune-allemagne..... Oh! qu'il ne se fâche pas ; du diable si j'aurais jamais rien fait pour lui... ah! bien oui, être serviable, obligeant !.. il n'y a rien qui donne l'air commun comme ça !.. (*Faisant une pirouette.*) Comment me trouves-tu ?..

HANTZ.
Air *de l'Homme vert.*
Éblouissant!... divin!...

MATHIAS FILS.
J'espère
Que mes talens se sont formés,
Pour lorgner, tiens, cette manière ;
On regarde les yeux fermés.
Ces petits mouvemens de tête...
Et ce sourire de bon ton?...

HANTZ.
Parfait!
(*A part.*)
Ça lui donne un air bête.

MATHIAS FILS.
Oui... je crois que c'est bien baron !

HANTZ. Parbleu..... si ton animal de Péters ne nous lâchait pas à chaque instant des *M. Mathias* par ci... *M. Mathias* par là... je passe ma vie à lui marcher sur le pied !

MATHIAS FILS, *lui prenant la main.* Pauvre ami ! je suis bien sensible à la peine que tu te donnes..... au fait... c'est terrible d'avoir de la mémoire... on s'oublie !.. et quand on est le fils du plus riche marchand de bœufs de la Hongrie...

HANTZ, *frappant du pied.* Encore !

MATHIAS FILS. Hein? est-ce que j'ai dit quelque chose?..

HANTZ, *haussant les épaules.* Il n'en faudrait pas davantage pour ruiner ce mariage superbe !.... cette noble alliance qui doit te donner un titre, faire de toi un des premiers seigneurs du Saint-Empire..... Voyons... veux-tu m'écouter?

MATHIAS FILS. Pardi, je ne fais que cela... c'est ennuyeux !.. depuis que nous nous sommes rencontrés..... à l'université de Göttingue !..

HANTZ, *avec ironie.* Où ton père t'avait envoyé pour qu'on fît de toi un savant !..

MATHIAS FILS. J'aurais été assez bête pour me laisser faire !.... Pauvre cher homme !

HANTZ. Des idées bornées !.. les vieillards n'en ont pas d'autres !.... aussi dans un état bien policé... les pères ne sont faits que pour amasser..... les fils pour dépenser.

MATHIAS FILS. La république de Platon !.. ça me paraît très-sage !..

HANTZ. De ce côté-là..... il n'y a rien à dire à ton père...

MATHIAS. Oh çà! il a amassé !.... c'est le plus riche marchand de bœufs !..

HANTZ, *frappant du pied.* Veux-tu te taire !.. mais il se ralentissait dans l'envoi des subsides...

MATHIAS FILS. Dam !.. il croyait ne fournir que pour un !.... et à l'université, tu nous avais lancés sur un pied !... au lieu de faire du grec, nous faisions des maîtresses... ce qui est plus gai... mais ce qui est bien plus cher... et puis les bals, les fêtes, où tu jouais un jeu d'enfer..... et avec un guignon !.. rien que pour ton trente et quarante, j'ai payé plus de dix mille florins !.... pauvre garçon !.... ça me faisait une peine pour toi !

HANTZ. Pouvais-tu trop acheter cette fréquentation du grand monde, qui t'a donné les bonnes manières, l'air aisé !... Comme tu t'es tiré avec grâce de ton affaire avec cet officier prussien qui m'avait insulté !

MATHIAS FILS. Celui qui m'a donné ce coup d'épée?

HANTZ. Ça t'a fait grand bien.

MATHIAS FILS. Pas trop.

HANTZ. Je dis que cela t'a lancé... et toi qui as de l'ambition...

MATHIAS FILS. Ça, c'est vrai... je voudrais être je ne sais quoi... oh! chambellan surtout... je ne sais pas ce que je donnerais pour être chambellan !

HANTZ. C'est le propre des grandes ames!

MATHIAS FILS. Avec une clef par derrière... c'est si flatteur quand on se retourne...

HANTZ. Mais pour y arriver, il te fallait un titre, des protections, une belle alliance...

MATHIAS FILS. C'est juste...... on ne donne qu'à ceux qui ont déjà.

HANTZ. Je m'en suis chargé. Je ne sais quel roi disait : Pour faire un gentilhomme de la chambre, prenez un gentilhomme...

MATHIAS FILS. Comme pour faire un civet de lièvre... prenez un...

HANTZ. Je me suis dit, je ferai mieux que ça, moi... je ferai un baron.

MATHIAS FILS. Avec le fils d'un marchand de b... (*S'interrompant.*) Je ne l'ai pas dit... tu es témoin... (*continuant*) et tu n'y a pas manqué. (*S'admirant.*) Voici le baron demandé... baron de Muhldorf !...

HANTZ. D'une seigneurie ruinée de ton village... ce qui ne fait de tort à personne, voilà pour le titre... Quant à l'alliance et aux protections, je te fais épouser aujourd'hui même la riche comtesse Bertha de Stopps-Snach.

MATHIAS FILS. Ah! c'est là que nous ne nous entendons plus !

HANTZ. Un mariage magnifique !

MATHIAS FILS. Le mariage est plus beau que la mariée.

HANTZ. Veuve d'un Stopps-Snach!... cousine d'un Tuttling-Dorff... nièce d'un Offenbourg-d'Offen Stockfield...

MATHIAS FILS. Une famille à vous démantibuler la mâchoire...

HANTZ. C'est ce qui en fait la beauté... D'ailleurs, mon ami, les comtesses... on les épouse ; mais on n'est pas obligé de les aimer.

MATHIAS FILS. C'est que je la hais comme la peste.

HANTZ. Oh! tu y mets de la passion... c'est une bonne femme : en lui accordant que la révolution française est cause de tous les désagrémens qui lui arrivent... elle est facile à vivre... Et puis, si elle t'ennuie, une fois marié et chambellan, tu la relègues dans une de ses terres, en Valachie, au diable, c'est reçu... tu me mets à la tête de sa fortune, de la tienne; je double, par une habile administration, les sources de ta prospérité; tu vois renaître autour de toi l'âge d'or, les piles d'argent; et, attendri de mon dévouement, tu te jettes dans mes bras en me disant :

> AIR : *Un page aimait la jeune Adèle.*
> Mon cher Hantz, cœur rare et fidèle,
> L'amitié ne peut se payer !
> Mais pour reconnaître ton zèle,
> Accepte, j'ose t'en prier,
> Ces dix mille florins...
> > MATHIAS FILS, *se récriant.*
> > Dix mille !
> > HANTZ.
> Si ça doit te contrarier
> Mets en quinze...
> > MATHIAS FILS.
> > C'est inutile.
> L'amitié ne peut se payer !

HANTZ. Je ne te fixe pas.

MATHIAS FILS. Ce cher ami, quelle ame de feu ! c'est que la comtesse...

HANTZ. Fripon! tu auras des dédommagemens... Cette petite Clémentine, sa demoiselle de compagnie... tu lui fais des yeux...

MATHIAS FILS, *avec complaisance.* Coquin de Méphistophélès, tu as vu cela?..

HANTZ. Observe-toi seulement avant le mariage.

MATHIAS FILS. Oh! ça te va bien de faire de la morale... toi, libertin, qui as, à l'autre bout de la ville, une petite chambre, au cinquième....

HANTZ. C'est pour mes amis.

MATHIAS FILS. Eh bien ! je la retiens, et à la première occasion...

HANTZ. Tais-toi, c'est Péters !

SCENE V.

LES MÊMES, PÉTERS, *accourant.*

PÉTERS, *une lettre à la main.* Monsieur Mathias!... (*geste menaçant de Hantz*)non, je veux dire monsieur le baron, une lettre...

HANTZ, *la prenant.* C'est heureux..... va-t'en.

PÉTERS, *d'un air triomphant.* Oh! je ne m'y tromperai plus !

(Il sort.)

MATHIAS FILS, *regardant l'adresse.* C'est de mon père...

HANTZ. Ah! mon Dieu! est-ce qu'il viendrait pour la noce?..tout serait perdu...

MATHIAS FILS. Je crois bien... le langage, les manières du plus riche marchand de b... (*Geste d'impatience de Hantz.*) Ne te fâche pas... (*décachetant la lettre*) je lui avais pourtant écrit de ne pas se déranger... le voyage, sa santé...

HANTZ. Lis donc vite.

MATHIAS FILS, *regardant la lettre.* Du cinq!... est-ce ancien? ça été nous chercher à Gôttingue, à Vienne!...

HANTZ, *avec impatience.* Enfin ?

MATHIAS FILS, *la parcourant des yeux.* Il ne vient pas!

HANTZ. Je respire !

MATHIAS FILS, *en lisant un fragment.* « C'est un grand sacrifice, mon bon Fran» çois... j'aurais été si fier de voir cette » belle dame dont tu es diablement amou» reux, car tu as oublié de me dire son » nom... mais ça n'y fait rien... pourvu » que tu sois heureux !.. » (*A lui-même.*) Pauvre père !..

HANTZ, *regardant par-dessus son épaule.* Pas un mot d'orthographe !..

MATHIAS FILS, *continuant.* Oui... mais que d'amour!.. il m'envoie sa bénédiction...

HANTZ. Et de l'argent ?

MATHIAS FILS, *parcourant la lettre.* « Les douze mille florins te parviendront » par une occasion sûre...»

HANTZ. Il n'écrit pas mal au fait...

MATHIAS FILS, *continuant.* « J'y joins » une vingtaine de mes plus beaux cuirs...»

HANTZ. Que le ciel le bénisse! qu'est-ce qu'il veut que nous fassions de ses cuirs?..

MATHIAS FILS, *serrant sa lettre.* C'est une attention pour toi !.. Eh bien! ça me fera de la peine de ne pas l'avoir vu... car je l'aime au fond.

HANTZ. Allons donc! tu te dois à ta nouvelle condition!... ainsi dépêche-toi d'épouser la vieille, et...

MATHIAS FILS. Chut!.. voici Clémentine.

SCENE VI.
Les Mêmes, CLÉMENTINE.

CLÉMENTINE. Monsieur le baron... madame la comtesse vous attend !..

MATHIAS FILS, *d'un air galant.* C'est bien aimable à elle... d'avoir choisi un messager aussi... (*Du ton naturel.*) Est-ce que vous n'êtes pas de la promenade, mon enfant ?..

CLÉMENTINE. Moi, monsieur ?.. oh ! je n'ai pas le temps de m'amuser... la toilette de la mariée !.. celle du bal à préparer !

MATHIAS FILS, *d'un ton patelin.* Comment ! c'est pour moi que ces jolis doigts ?..
(Il lui prend la main.)

HANTZ, *bas.* Prends donc garde !... si ta femme...

MATHIAS FILS, *bas.* Elle loge de l'autre côté...

HANTZ, *haut.* Allons, cher ami... quand les dames font dire qu'elles sont prêtes !...

MATHIAS FILS. Elles en ont encore pour une heure. (*Prenant la main de Clémentine.*) Je n'entends pas qu'on vous rende ainsi victime de mon bonheur !.. et une fois marié, je veux que vous soyez toujours là, avec nous... si vous saviez combien je m'intéresse...

CLÉMENTINE, *naïvement.* J'avais déjà cru m'en apercevoir ; aussi depuis long-temps j'ai bien envie de vous demander quelque chose...

MATHIAS FILS, *enchanté.* Demandez... chère petite... demandez...

CLÉMENTINE, *avec hésitation.* Eh bien ! comment êtes-vous donc baron de Muhldorf ?

MATHIAS FILS, *étourdi.* Hein ?.. comment je suis ?.. (*Bas à Hantz.*) Est-ce qu'elle saurait ?.. (*Se remettant.*) Hum !.. je suis baron, ma chère... comme tous les barons possibles... par la grâce de Dieu et les constitutions de l'empire...

CLÉMENTINE. Ah !.. c'est qu'il y avait un seigneur du même nom... vous étiez peut-être parens ?..

MATHIAS FILS. Oui !.. cousins !..

CLÉMENTINE. Il y en avait justement un...

MATHIAS FILS. C'est moi.

CLÉMENTINE. Qui est mort...

MATHIAS FILS. Ce n'est pas moi.

HANTZ. Et puis les grandes familles se divisent en tant de branches...

MATHIAS FILS, *s'embrouillant.* Sans compter les branches mortes... je descends de celles-là... mais il suffit que vous ayez connu des Muhldorf..... pour doubler l'attachement...

SCENE VII.
Les Mêmes, PETERS, *les gants, le chapeau et la cravache de son maître à la main.*

PÉTERS. Ces dames vont partir !

MATHIAS FILS. Voilà !.. (*Bas à Hantz.*) Comme elle me regarde... hein ?.. (*A part.*) Si je puis m'échapper et perdre ma femme dans quelque fondrière !.. (*A Péters qui est près de lui, sans le regarder et lui tendant la main.*) mes gants... (*à Clémentine.*) nous reprendrons cet entretien... (*à Péters.*) mon chapeau... (*à Clémentine.*) et croyez que tout ce qui dépendra de moi... (*à Péters.*) ma cravache... (*à Clémentine.*) pour vous faire oublier... (*à Péters.*) mon cheval...

PÉTERS, *montrant ses mains vides.* Dam !

MATHIAS FILS, *revenant à lui.* Oh ! c'est juste !...

HANTZ, *l'entraînant.* Hé !... viens donc ?

MATHIAS FILS, *bas à Hantz.* Je ferai quelque folie pour elle, c'est sûr.

ENSEMBLE.

Air : *Assez dormir, ma belle.* (Monpou.)
La troupe heureuse et folle
Déjà s'enfuit et vole...
Allons, il faut partir !

Quand sa voix $\begin{Bmatrix} \text{nous} \\ \text{vous} \end{Bmatrix}$ appelle,

Il faut être fidèle
Au signal du plaisir.

(*Hantz entraîne Mathias fils qui regarde toujours Clémentine. Péters les suit.*)

SCENE VIII.
CLÉMENTINE, *puis* LÉOPOLD.

CLÉMENTINE, *seule.* Encore une illusion de perdue !... moi.. qui croyais retrouver dans ce nom de Muhldorf un appui naturel... (*Soupirant.*) Il n'est que trop vrai, je n'ai plus d'amis !...

LÉOPOLD, *qui est entré et a entendu les derniers mots.* Et moi, mademoiselle Clémentine, vous m'oubliez déjà !

CLÉMENTINE, *se retournant.* Ah ! pardon, monsieur Léopold.

LÉOPOLD. J'ai guetté leur départ pour vous rendre compte de votre commission.. j'ai passé à la poste ; mais il n'y avait rien pour vous.

CLÉMENTINE. Rien !

LÉOPOLD. Cela vous afflige ?.. c'est donc bien important ?

CLÉMENTINE. Pourquoi vous le cacherais-je, à vous, monsieur Léopold, le seul ici qui, sans me connaître, m'ayez témoigné amitié !... intérêt !... Cette lettre que j'attends de Nuremberg est de la bonne femme qui a pris soin de mon enfance, et qui, à la mort de mon père, m'avait placée auprès de la comtesse; elle prévoyait que je n'y serais pas très-heureuse... et m'avait fait promettre de lui écrire dès que je voudrais retourner auprès d'elle... je lui ai écrit!...

LÉOPOLD. Pour quitter la comtesse!.,.. Ah! je me doutais bien, sans chercher à connaître le secret de vos malheurs, que cette condition...

CLÉMENTINE, *avec douceur*. Je n'en rougis pas! je m'y serais résignée pour n'être à charge à personne! quoique ce titre pompeux de demoiselle de compagnie ne cache qu'un esclavage bien dur... et qui m'a fait regretter souvent le sort d'une servante.

LÉOPOLD. O ciel!...

CLÉMENTINE.

AIR : *du Matelot*. (Mme Duchambge.)

Dans son orgueil, la comtesse me pare
De beaux habits, de dentelles, de fleurs ;
Mais d'amitié son cœur toujours avare,
Me les a fait bien payer par mes pleurs !
De ma nourice, affectueuse et bonne,
La pauvreté m'est chère et me convient.
Ici mon luxe, hélas ! n'est qu'une aumône.
J'aurais là-bas un cœur qui m'appartient!

Et puis ce monde que la comtesse reçoit...

LÉOPOLD. Vous avez raison... Toujours des jeunes gens... de jeunes fats... et les jeunes gens, voyez-vous, il faut s'en défier.

CLÉMENTINE, *souriant*. Vous croyez ?...

LÉOPOLD, *se reprenant*. C'est-à-dire..... c'est selon, il y en a d'estimables, bien peu, mais il y en a!... et quand comptez-vous partir?

CLÉMENTINE. Aussitôt que ma bonne nourrice m'aura envoyé la somme nécessaire.

LÉOPOLD. Ah! diable!... c'est juste! il faut de l'argent pour voyager...

CLÉMENTINE. Et je n'ai rien !

LÉOPOLD, *à part*. Ni moi non plus!... (*Haut*.) Quoi, pas un seul parent?

CLÉMENTINE. Tout-à-l'heure encore ... je croyais en avoir retrouvé un... mais je m'étais trompée!... Il me semble, d'ailleurs, que je n'aurais jamais osé m'adresser à lui; il me regarde et me parle souvent d'une manière si étrange...

LÉOPOLD, *inquiet*. Oh! oui, ne vous adressez qu'à moi seul... c'est un bien faible appui que je vous offre. Je suis comme vous, sans famille, sans fortune! mais c'est un cœur pur qui se dévoue à votre sort !.. Si je désire la richesse maintenant, ce n'est que pour vous seule, au moins ! au lieu d'être demoiselle de compagnie, vous en auriez dix, vingt, trente à vos ordres !..... Mais, si je ne puis vous protéger de mon rang, de mon crédit, du moins je ne vous quitte plus... je pars avec vous.

CLÉMENTINE. Comment ?

LÉOPOLD. Non, non, ce ne serait pas convenable, je le sens... mais je trouverai les moyens de vous rejoindre, je travaillerai pour vous, je serai votre frère... jusqu'à ce que ma fortune me permette un titre plus doux.

CLÉMENTINE. Monsieur Léopold...

LÉOPOLD. Ah! ne me défendez pas de l'espérer... dites-moi que mes rêves de bonheur ne vous offensent pas, que vous formerez aussi quelques vœux pour les voir se réaliser... dites-moi...

CLÉMENTINE, *souriant*. Je ne vous dirai rien de tout cela... car la robe de la comtesse n'est pas achevée... et je serai encore grondée !

LÉOPOLD. Mais...

MATHIAS PÈRE, *en dehors*. Hoé! garçon!..

CLÉMENTINE. On vient! pas un mot de plus !... je me sauve... et surtout ne me suivez pas !...

(Elle sort à gauche.)

SCÈNE IX.

LÉOPOLD, puis MATHIAS PÈRE.

LÉOPOLD, *à lui-même*. Elle m'a compris et ne s'est pas fâchée... c'est bon signe !... Maintenant je vais courir... emprunter pour elle..(*S'arrêtant*.) c'est que malheureusement je ne connais personne d'assez hardi pour prêter à un étudiant!...

MATHIAS PÈRE, *à la cantonnade*. Remise la carriole...et un morceau sous le pouce, je ne m'arrête que dix minutes.

UN VALET D'AUBERGE, *le suivant*. Monsieur veut-il une chambre ?

MATHIAS PÈRE. Du tout! (*Montrant une table*.) Sers-moi là !... au grand air...

LE VALET. C'est qu'il n'est pas l'heure.

MATHIAS PÈRE. Il n'est pas l'heure d'avoir faim?...

LE VALET. L'usage...

MATHIAS PÈRE. Ah! tu as bien trouvé ton homme, avec tes heures et tes usages! Il y a soixante ans que je mange quand j'ai appétit, que je bois quand j'ai soif, et que je dors quand je m'ennuie. Ainsi, un plat de choucroûte pour moi... une tranche de bœuf pour mon domestique... un picotin pour ma grise... en trois temps... plus vite que ça!... sinon!... on m'a recommandé l'exercice pour mes rhumatismes... et...

(Tournant son bras et son bâton.)

LE VALET, *sortant avec empressement*. Vous allez être servi.

LÉOPOLD, *qui a examiné Mathias père*. Eh! je ne me trompe pas, c'est bien lui!.. (*S'approchant*.) Monsieur, monsieur, vous ne me reconnaissez pas ?

MATHIAS PÈRE, *qui s'est assis et souriant.*
Je ne crois pas que nous ayons été au collége ensemble, mon garçon ?

LÉOPOLD. Vous êtes bien ce brave négociant connu de toute l'Allemagne ?

MATHIAS PÈRE. Jean-Claude Mathias... le plus gros marchand de bœufs de la Hongrie !.. qui depuis trente ans nourrit les armées impériales... qui a prêté de l'argent à tous les souverains, et qui n'en est ni plus fier, ni plus riche.

LÉOPOLD. Eh bien ! Vous ne vous rappelez pas ce pauvre petit étudiant d'Heidelberg ?

MATHIAS PÈRE, *vivement.* Le fils d'un brave officier ?

LÉOPOLD. Qui faute de pouvoir payer une inscription...

MATHIAS PÈRE. Allait abandonner ses études ?.. C'est toi ?..

LÉOPOLD, *lui serrant la main.* Mon généreux bienfaiteur...

MATHIAS PÈRE. Veux-tu bien te taire ?.. un beau service, ma foi !.. est-ce qu'il ne faut pas s'entr'aider dans ce monde !.. moi aussi, dans ma jeunesse, j'ai trouvé quelqu'un qui m'a tendu la main... et quand j'oblige de pauvres jeunes gens, il me semble que j'acquitte une vieille dette ; d'ailleurs un étudiant...

AIR : *Paris et le village.*
Ça m'avait rappelé mon fils,
Mon bon François, que Dieu protége !
Et qui lui-mêm', loin de ses amis,
Comm' toi travaillait au collége !..
Je me disais, il ne manque de rien,
Et ma fortun' s'ra son partage ;
Mais, en son nom, faisons un peu de bien...
Afin de grossir l'héritage.

(*Changeant de ton.*) Ah çà ! et ces études ? ça t'a-t-il profité ?

LÉOPOLD. Je l'espère.

MATHIAS PÈRE. Tu es riche ?

LÉOPOLD. Non, je suis instruit...

MATHIAS PÈRE. Diable ! ce n'est pas la même chose.

LÉOPOLD, *soupirant.* Dans ce moment surtout...

MATHIAS PÈRE. Tu es encore en arrière d'une inscription ?

LÉOPOLD. Il ne s'agit pas de moi !.. imaginez...

MATHIAS PÈRE, *voyant qu'on lui apporte son plat de choucroûte et son pot de bière, et s'asseyant.* Parle toujours, je t'écoute !... mais v'là deux heures que je n'ai rien pris... et je sens des bourdons de cathédrale.

LÉOPOLD. C'est la plus belle occasion pour vous.

MATHIAS PÈRE, *mangeant.* Quelques centaines de bœufs de Magdebourg à acheter ?..

LÉOPOLD. Bien mieux que ça... une jeune personne, la plus jolie, la plus modeste !..

MATHIAS PÈRE, *souriant.* Ah ! ah ! c'est dans cette faculté-là que tu prends tes degrés.

LÉOPOLD. Eh bien ! oui... j'en conviens, je l'aime.

MATHIAS PÈRE, *gaîment.* Il n'y a pas de mal à cela, mon garçon !

LÉOPOLD. Mais en honnête homme ; si vous saviez comme elle est intéressante !..

MATHIAS PÈRE. Parbleu !.. elle m'intéresse déjà.

LÉOPOLD. Pauvre et sans ressources... elle a été forcée d'entrer chez une grande dame... qui est très-noble, à ce qu'on dit, mais aussi très-vieille et très-méchante...

MATHIAS PÈRE, *mangeant.* L'un n'empêche pas l'autre.

LÉOPOLD. Et qui la rend malheureuse ! parce que, vous concevez... dans ces grandes maisons...

MATHIAS PÈRE, *haussant les épaules en mangeant.* Ils ne savent pas faire la choucroûte.

LÉOPOLD. Hein !..

MATHIAS PÈRE. Je parle de cet imbécile de cuisinier.

LÉOPOLD. Sans compter des jeunes gens qui l'entourent... et qui parce qu'elle est jolie....

MATHIAS PÈRE. Pauvre petite... ce n'est pas sa faute... je comprends : elle veut quitter sa grande dame...

LÉOPOLD. Pour se rendre à Nuremberg, chez une brave femme, sa nourrice, où elle vivrait modeste et retirée, jusqu'à ce que le ciel lui envoyât un bon mari... et je voudrais bien que ce mari...

MATHIAS PÈRE. Ça fût toi ?

LÉOPOLD, *timidement.* Oui, monsieur.

MATHIAS PÈRE. C'est bien... c'est bien, mes enfans !.. j'aime que les honnêtes gens se marient, ça conserve l'espèce... et elle n'a pas d'argent pour aller à Nuremberg ?.. de l'argent... ça n'est pas une affaire, j'en ai, moi !..

LÉOPOLD. Ah ! monsieur...

MATHIAS PÈRE. Mais il faut quelqu'un pour l'accompagner... toi, ça n'est pas possible.

LÉOPOLD. Oh ! je ne le voudrais pas.

MATHIAS PÈRE. Parbleu ! si fait, tu le voudrais bien, mon gaillard !.. mais moi, je n'entends pas de cette oreille-là... je m'en chargerais bien, mais je vais à la noce de mon fils !

LÉOPOLD. Votre fils !.. ah ! s'il vous ressemble...

MATHIAS PÈRE. Me ressembler !.. lui, mon François !.. ah ! c'est bien autre chose ! ce n'est pas un paysan comme son père, fi donc !.. c'est mon orgueil, mon bonheur que cet enfant-là... je n'ai rien épargné pour lui ; l'Université, des maîtres de toute espèce... rien que cette année, il a appris pour douze mille florins !.. et une ardeur pour le travail... il me demande toujours de l'argent !.. ça m'enchante, car je ne suis au monde que pour prévenir ses désirs, le rendre heureux, l'aimer, être aimé de lui surtout !.. oh çà ! par exemple, s'il ne m'aimait pas, vaudrait autant me tuer tout de suite, parce que je n'irais pas plus loin !..

LÉOPOLD. Qu'il doit être fier de votre tendresse !.. et vous allez le marier ?

MATHIAS PÈRE. Parbleu ! il se marie bien lui-même ; je lui ai dit souvent : Mon garçon, il y a deux choses qu'il faut se choisir tout seul, et à son goût, c'est sa femme et sa pipe... deux meubles d'un usage personnel... et (*il avale un verre de bière*) c'est ce qu'il a fait !.. une belle dame qui me plaira, j'en suis sûr... je le connais, le luron !.. aussi, je leur apporte un cadeau de noce, une surprise !.. sans compter les bijoux, les diamans, des babioles... ça amuse les femmes !..

SCENE X.
Les Mêmes, HANTZ, *passant au fond avec un valet qui tient à la main un paquet de lettres d'invitation.*

HANTZ, *au valet.* Porte vite ces invitations et... (*apercevant Mathias père.*) Que vois-je ?.. le papa !..
(*Il renvoie le valet et reste au fond.*)

LÉOPOLD, *à Mathias père.* Ils doivent vous attendre avec une impatience !..

MATHIAS PÈRE, *gaîment.* Du tout !.. ils ne comptent plus sur moi !.. ça va être des cris de joie !..

HANTZ, *à part.* Joliment !.. heureusement que son fils n'est pas là... Alerte !... je n'ai qu'un moyen de renvoyer le bonhomme !
(*Il disparaît derrière les buissons.*)

MATHIAS PÈRE, *à Léopold.* Ce pauvre enfant craignait qu'un voyage aussi long, à mon âge... mais je voyais que ça lui fendait le cœur de ne pas m'avoir là !..

LÉOPOLD. C'est si naturel...

MATHIAS PÈRE. Pardine ! il doit être comme moi ! le plus beau jour de ma vie, dès que j'ai été riche, c'est celui où j'ai fait venir mon vieux père, sabotier de la Moravie... où je l'ai installé à ma table, à la place d'honneur, et quand de gros négocians, des seigneurs même, venaient parler d'affaires et manger ma soupe, je leur disais : « Otez votre chapeau, messieurs... c'est mon père !.. » (*Reprenant son ton de gaîté.*) Je ne pouvais pas priver mon pauvre garçon de cette jouissance-là !.. aussi, au moment de lui envoyer son argent, j'ai dit : Tiens ! tant pis ! au diable les rhumatismes... la grise à la carriole, et au galop !

LÉOPOLD. Vous avez bien fait... ils seront si heureux !...

MATHIAS PÈRE. Je voudrais cependant trouver un moyen pour faire accompagner la jeune personne...

SCENE XI.
Les Mêmes, UN VALET D'AUBERGE.

MATHIAS PÈRE, *le voyant près de lui.* Qu'est-ce que tu veux, toi ? ce n'est pas honnête d'écouter.

LE VALET. Je ne vous écoute pas, monsieur... je voudrais seulement savoir quel est de vous deux le jeune homme à qui j'ai affaire...

MATHIAS PÈRE. Un jeune homme ?..... Imbécile ! je ne crois pas que ce soit moi !.. (*Il lui prend la lettre qu'il a à sa main.*) « Monsieur Léopold !.. » (*La passant à Léopold.*) Voilà ! il n'y a pas de réponse ?

LE VALET. Non, monsieur... c'est venu par le messager... (*A part.*) C'est bien ce qu'il m'a dit !
(Il dessert la table et sort.)

LÉOPOLD, *qui a ouvert la lettre.* Ah !..... c'est singulier !..

MATHIAS PÈRE. Quoi donc ?

LÉOPOLD. Une invitation de votre fils... que je ne connais pas.

MATHIAS PÈRE. De mon fils ?..

LÉOPOLD. Voyez plutôt !

MATHIAS PÈRE, *lisant.* « M. Mathias » fils prie M. Léopold de lui faire l'honneur d'assister à son mariage. » (*A lui-même.*) C'est bien cela ! (*Lisant.*) « Et à la » bénédiction nuptiale qui aura lieu à » Presbourg, dans l'église Saint-André...» (*S'interrompant.*) Comment !.. moi qui allais courir à Vienne ! et c'est à Presbourg !

LÉOPOLD. A vingt lieues d'ici !..

MATHIAS PÈRE. Je n'arriverai jamais à temps !.. Qui diable a fait changer ?.. La future, sans doute, qui a des parens de ces côtés-là...

LÉOPOLD. Mais moi qui ne l'ai jamais vu... comment m'adresse-t-il ?..

MATHIAS PÈRE, *gaîment.* Il invite peut-être tous les étudians d'Allemagne !.. une petite réunion d'amis!.. il faut y aller, morbleu !..

LÉOPOLD. Et cette pauvre Clémentine?..

MATHIAS PÈRE. Attends!.. mon vieux Grippmann va aller à Vienne, dans ma carriole, porter des marchandises que je comptais livrer en passant!.. c'est un homme sûr... nous lui confierons cette jeune fille... qu'il conduira à petites journées jusqu'à Nuremberg... nous autres, nous prenons la chaise du maître de poste..... trois chevaux, six chevaux, dix chevaux, s'il le faut... ventre à terre jusqu'à Presbourg, et nous arrivons juste pour ouvrir le bal, et embrasser la mariée.

LÉOPOLD. Pourtant...

MATHIAS PÈRE. Je cours donner mes ordres, et je reviens te chercher.

LÉOPOLD. Mais...

MATHIAS PÈRE. Mais... ça sera comme ça... parce qu'il n'y a pas d'autre moyen... que ça m'ennuie de voyager seul... que je suis vieux... et que je suis têtu comme un mulet.

ENSEMBLE.

AIR : *Désormais plus d'absences.* (Mari charmant.)

Sans retard, partons vite

Car $\left\{\begin{array}{l}\text{mon}\\\text{son}\end{array}\right\}$ cœur

Court la poste et palpite
De bonheur.

MATHIAS PÈRE.

Pour moi, quelle ivresse !..
Embrasser mon cher enfant !
Amour et richesse
J' leur donn' tout en ce moment !
Déjà sur mon ame
De plaisir je n' me sens plus...
Voir danser sa femme
Et voir danser mes écus.

TOUS DEUX.

Sans retard, partons vite !

(*Mathias père sort en courant.*)

SCÈNE XII.

LÉOPOLD, puis CLÉMENTINE.

LÉOPOLD. Ah ! quel brave homme !.. et que je suis heureux d'avoir trouvé pour Clémentine un pareil protecteur !.. elle va être d'une joie !.. (*Il l'aperçoit.*) C'est elle !.. Eh ! bon Dieu... qu'avez-vous ?..

CLÉMENTINE. Ah ! monsieur Léopold... j'avais bien raison de m'alarmer du silence de ma pauvre nourrice...

LÉOPOLD. Comment?

CLÉMENTINE, *essuyant une larme.* Elle n'est plus...

LÉOPOLD. O ciel !

CLÉMENTINE. J'en reçois la nouvelle à l'instant!.. je n'ai plus d'espoir, plus d'appui!.. maintenant il faut bien me résigner, et rester près de la comtesse...

LÉOPOLD. Y pensez-vous ?

CLÉMENTINE. Dans ma position... cet asile est encore le seul convenable !

LÉOPOLD. Pour subir de nouvelles humiliations... pour être malheureuse...

CLÉMENTINE, *soupirant.* C'est mon sort désormais !

LÉOPOLD, *avec feu.* Et voilà ce qui m'indigne, ce qui me révolte !.. quand j'espérais... quand je venais de trouver pour vous un bon et digne homme qui se chargeait... Ah !.. je ne le souffrirai pas..... d'abord, je ne pars plus... je reste aussi pour veiller sur vous... vous défendre... ou plutôt, si j'osais... (*Avec abandon.*) Tenez, mademoiselle Clémentine... vous devez m'avoir deviné... car je ne sais pas cacher ce que j'éprouve... je n'ai que mon nom à vous offrir, mais c'est celui d'un honnête homme, qui donnerait sa vie pour votre bonheur !

CLÉMENTINE. Que dites-vous?

LÉOPOLD. Orphelins tous deux... nous n'avons à demander le consentement de personne... Je travaillerai... oh ! je travaillerai avec tant d'ardeur... pour vous assurer une existence douce et tranquille... dites un mot... un seul !..

CLÉMENTINE. Moi, monsieur Léopold, vous charger de ma mauvaise fortune !.. ah ! jamais !..

ENSEMBLE.

AIR : *Couronne la tendresse.* (La fiole.)

CLÉMENTINE.

Cette offreuse généreuse
Ne saurait m'éblouir...
Je ne puis être heureuse,
Mon sort est de souffrir !..
Oui, je le sens, ma vie
S'éteindra loin de vous...
Mais le nom d'une amie
Est le seul nom bien doux
Que je tiendrai de vous.
Il sera ma richesse...
Qu'il me donne sans cesse
Souvenir (*bis*) de tendresse...
Et courage et secours...
Enfin le droit de vous aimer toujours !
Toujours !

LÉOPOLD.

D'une contrainte affreuse
Je dois vous affranchir !..
Vous savoir libre, heureuse
Voilà mon seul désir !
Mon avenir, ma vie,
Tout n'est-il pas à vous ?
Ce titre que j'envie,
Ce nom de votre époux,
Est pour moi le plus doux !
Qu'importe la richesse,
Puisque j'aurai sans cesse
Pour trésor (*bis*) ma tendresse,
Pour soutien nos amours...
Et l'heureux droit de vous aimer toujours !
Toujours !

(*Il lui baise la main.*)

SCENE XIII.

LES MÊMES, MATHIAS FILS, *arrivant par la gauche, et restant au fond.*

MATHIAS FILS, *à part.* J'ai tant fait que mon cheval a pris le mors aux dents !.. et j'accours près de la petite.... (*Il l'aperçoit.*) Ah ! ah ! est-ce que j'arriverais trop tard !

CLÉMENTINE, *doucement à Léopold qui lui a parlé bas.* Non..... vous dis-je !.. ce que vous me demandez est impossible !..

MATHIAS FILS, *à part.* Qu'est-ce qu'il lui demande donc ?..

LÉOPOLD, *vivement.* Parce que vous n'avez pour moi que de l'indifférence, de l'aversion peut-être...

CLÉMENTINE, *se rapprochant de lui.* De l'aversion, moi ? Pouvez-vous le penser !

MATHIAS FILS, *à part.* Hum !.. cette farouche vertu lui parle de bien près !..

LÉOPOLD, *vivement.* Alors pourquoi refuser d'exaucer mes vœux?

CLÉMENTINE. Parce que cela n'est pas raisonnable !

MATHIAS FILS, *à part.* Elle parle raison ! elle va faire quelque sottise.

LÉOPOLD. Eh bien! si cet ami que je viens de retrouver... ce brave homme, ce vieillard qui m'a offert si généreusement son appui, vous prouve que vous n'avez pas d'autre parti à prendre...

CLÉMENTINE, *souriant.* Ah! dam, alors...

LÉOPOLD. Alors, nous partons tous deux... aujourd'hui... à l'instant même...

MATHIAS FILS, *à part.* Diable !.. un enlèvement !..

CLÉMENTINE. Mais... écoutez...

LÉOPOLD, *lui baisant la main à plusieurs reprises.* Non, non... je n'écoute rien... je vous l'amène sur-le-champ , et dès qu'il saura qu'il y va de mon bonheur... adieu, adieu, chère Clémentine! je reviens dans la minute !

SCENE XIV.

CLÉMENTINE, MATHIAS FILS,
au fond.

CLÉMENTINE, *se croyant seule.* Quel cœur noble et dévoué! comment ne pas en être touchée!.. ah! c'est un bien estimable jeune homme !..

MATHIAS FILS, *à part.* Parce qu'il lui a baisé la main? à ce compte-là, je serai bien plus estimable !.. (*Il s'avance.*) Mais pas un instant à perdre!.. ce petit malheureux me la soufflerait...

CLÉMENTINE, *se retournant au bruit.* Ah! c'est vous, monsieur!.. déjà de retour?

MATHIAS FILS. Oui, charmante Clémentine!... mon cheval m'a emporté loin de ma femme... un animal qui a un instinct...

CLÉMENTINE. Comment?

MATHIAS FILS. Puisqu'il m'a remené assez à temps pour vous sauver du danger que vous courez!..

CLÉMENTINE. Un danger!..

MATHIAS FILS. Les momens sont précieux... vous m'intéressez... je ne le cache pas!.. vos principes!... votre âge.... la vertu... ce joli pied que je dois arrêter sur le bord de l'abîme... (*Appuyant.*) Quelqu'un veut vous séduire!

CLÉMENTINE. Moi!

MATHIAS FILS. Je le sais mieux que personne.., on veut vous séduire !

CLÉMENTINE. Et qui donc?..

MATHIAS FILS. Ce jeune homme qui était là!

CLÉMENTINE. Monsieur Léopold? Vous vous trompez, monsieur, c'est le cœur le plus généreux...

AIR *du Piége.*
Oui, si vous saviez !.. il prétend
M'épouser, moi, pauvre inconnue !..
MATHIAS FILS , *étonné.*
(*Se remettant.*)
Vous épouser !.. et voilà justement
Ce qui le démasque à ma vue !
Méfiez-vous de tous ces beaux discours,
Des séducteurs c'est la ruse ordinaire ;
Ces messieurs épousent toujours,
C'est l'état d'un célibataire.

Et puis un jeune homme sans fortune.... sans consistance !.. ce qu'il te faut, chère petite... (*Baissant la voix.*) c'est un protecteur établi... riche... marié même... ça n'en vaut que mieux... celui-là ne vous trompe pas, on sait à quoi s'en tenir... et aux yeux du monde... ça sauve les apparences!..

CLÉMENTINE, *le regardant.* Je ne vous comprends pas, monsieur.

MATHIAS FILS, *lui prenant la main.* Comment... avec ton esprit... ton intelligence, tu ne comprends pas que je t'adore... que je raffole de toi?

CLÉMENTINE, *indignée.* Monsieur!..

MATHIAS FILS. Eh bien! ne vas-tu pas jeter les hauts cris quand il est si facile de s'entendre !

CLÉMENTINE. Laissez-moi, monsieur, je veux sortir!..

MATHIAS FILS , *l'arrêtant.* Allons donc, tu ne sortais pas tout-à-l'heure, quand ce petit monsieur était là à tes pieds.

CLÉMENTINE. O mon Dieu!.. vous penseriez...

MATHIAS FILS. Rien du tout!.. je suis sourd, muet, aveugle, pourvu que cela me rapporte quelque chose... (*Tombant à ses pieds.*) et que tu acceptes le sort brillant que je mets à tes pieds!..

SCENE XV.

Les Mêmes, LA COMTESSE *entrant d'un côté et* LÉOPOLD *de l'autre.*

LÉOPOLD, *sans voir d'abord Mathias.* Je ne l'ai pas trouvé... mais!.. (*Il lève les yeux.*) Ciel!

LA COMTESSE, *de l'autre côté.* Dieu!... que vois-je?

MATHIAS FILS, *à part et se relevant.* Allons!.. voilà déjà les agrémens du ménage!..

CLÉMENTINE, *se cachant la figure et pleurant.* O mon Dieu!

LÉOPOLD, *la soutenant.* Elle chancelle!
(*Il la fait asseoir de côté.*)

LA COMTESSE, *regardant Mathias fils.* Quelle horreur!.. un baron!.. aux pieds d'une espèce de femme de chambre!... c'est la révolution française... (*A Mathias.*) J'espère que vous allez nous expliquer....

MATHIAS FILS, *embarrassé.* C'est ce que je lui disais... (*A Clémentine.*) Il faut nous expliquer...

LA COMTESSE. C'est à vous à me répondre, baron!.. car enfin vous étiez à ses pieds!..

MATHIAS FILS. Parbleu!.. je le sais bien... (*Bas à la comtesse.*) mais dans votre intérêt!

LA COMTESSE. Dans mon intérêt?

MATHIAS FILS, *bas.* Pour sauver l'honneur de votre maison. J'avais surpris une intelligence secrète entre ces deux jeunes gens... une passion désordonnée...

LA COMTESSE. Que dites-vous? (*A elle-même.*) Une petite fille de dix-huit ans qui fait tourner des têtes... tandis qu'on a bien de la peine...

MATHIAS FILS. Il était même question d'enlèvement...

LA COMTESSE. Un enlèvement!

MATHIAS FILS. Je n'ai pas voulu vous en parler, parce que je connais votre délicatesse... vos nerfs... Un enlèvement! un scandale qui rejaillissait sur vous... J'ai tenté d'éclairer cette enfant, de lui montrer le piége; je l'ai suppliée de renoncer à ce fol amour, et dans mon zèle, je me suis même jeté à ses pieds... ça c'est vrai, j'y étais... malheureusement je n'ai rien pu obtenir.

LA COMTESSE. Il serait possible!

CLÉMENTINE, *revenant un peu à elle.* Ah!

LÉOPOLD, *la soutenant.* Calmez-vous, chère Clémentine.

MATHIAS FILS, *les montrant à la comtesse.* Chère Clémentine!... Tenez, ils ne s'en cachent pas.

LA COMTESSE. En effet, c'est d'une audace...

MATHIAS FILS, *à part.* Pauvre petite! je rarrangerai cela plus tard.

LÉOPOLD, *à la comtesse.* J'espère, madame, que vous ferez justice...

LA COMTESSE *avec dignité.* Taisez-vous, monsieur, ne m'approchez pas... ne m'approchez pas...

MATHIAS FILS. N'approchez-pas, madame la comtesse!...

LA COMTESSE. Oser entraîner quelqu'un qui a l'honneur de m'appartenir dans une liaison coupable!

LÉOPOLD, *à Mathias fils.* Quoi! monsieur, qu'avez-vous dit?

MATHIAS FILS. Moi? Vous voyez que je ne dis rien.

LÉOPOLD. Mais je devine. (*A mi-voix, lui serrant la main.*) Vous avez laissé soupçonner... vous m'en ferez raison.

MATHIAS FILS. Hein? (*A lui-même.*) Encore un coup d'épée... A la bonne heure, j'aime mieux ça que les explications.

LÉOPOLD, *bas.* A l'instant.

MATHIAS FILS. Volontiers.

LES DEUX FEMMES. Qu'est-ce donc?

LÉOPOLD. Rien, rien.

MATHIAS FILS. Nous commençons à nous entendre parfaitement.

TOUS DEUX. Marchons.

LA COMTESSE, *inquiète.* Baron!

CLÉMENTINE. Monsieur Léopold!

LÉOPOLD, *à Clémentine.* Non... quelques mots qui doivent prouver votre innocence.

MATHIAS FILS, *à la comtesse.* Je vais lui faire la morale et le ramener.

LÉOPOLD, *bas, avec colère.* Venez, monsieur, venez.

MATHIAS FILS. Je vous suis, mon cher.
(*Ils sortent.*)

SCENE XVI.

LA COMTESSE, CLÉMENTINE.

LA COMTESSE, *perdant la tête.* Messieurs! baron!.. ah! mon Dieu!

CLÉMENTINE, *inquiète.* Monsieur Léopold! (*Regardant de tous côtés.*) Et personne pour les suivre, les arrêter. (*S'appuyant d'un côté contre la table.*) Ah! je me soutiens à peine.

LA COMTESSE, *à elle-même.* Leurs discours... (*Se laissant tomber sur une chaise.*) Ah! si j'avais là quelqu'un... je suis sûre que je me trouverais mal.
Elle respire des sels.

CLÉMENTINE, *s'approchant.* Madame...

LA COMTESSE, *vivement.* C'est vous, mademoiselle, qui êtes cause de tout cela.

CLÉMENTINE, *effrayée.* Et de quoi donc, mon Dieu?

LA COMTESSE. Je n'en sais rien... mais j'entrevois une foule de catastrophes... un baron se commettre, s'exposer!.. voilà ce que c'est que le moindre contact avec les petites gens... Oh! le peuple, le peuple, le peuple!.. ça me soulève!.. il se permet tout.

       Air *du Ballet des Pierrots.*
De la prospérité publique
Le peuple est le seul ennemi!
Quand tout s'embrouille et se complique,
C'est le peuple!.. c'est encor lui!..
Aussi, je l'ai dit, je m'en pique,
Rien ne peut marcher ici-bas,
Tant que, par arrêt authentique,
On ne le supprimera pas.

Pour moi, je ne veux plus avoir aucun rapport avec lui... et, pour commencer, (*à Clémentine*) vous allez sortir de chez moi.

CLÉMENTINE. Quoi, madame!.. lorsque je viens me plaindre à vous...

LA COMTESSE, *avec ironie.* Vraiment!

CLÉMENTINE. Quand j'accours vous supplier de ne pas souffrir que, dans votre maison, mon honneur soit exposé...

LA COMTESSE, *de même.* Il ne manquerait plus que cela!.. que je fusse obligée de répondre de la vertu des autres!.. chacun pour soi, ma chère... c'est bien assez! et l'honneur d'une chambrière!..

CLÉMENTINE, *indignée.* Il vaut au moins le vôtre, madame... le nom que je porte...

LA COMTESSE. Oh! nous y voilà.... le roman ordinaire!.. des malheurs... des revers!.. vous irez conter cela ailleurs... je vous chasse.

CLÉMENTINE. On m'a calomniée, madame, et celui qui m'accuse est précisément...

LA COMTESSE. Je n'écoute rien!

CLÉMENTINE, *éplorée.* Madame, je suis sous votre sauve-garde, je n'ai ni parens ni protecteurs.

LA COMTESSE. Des protecteurs!.. vous ne serez pas en peine d'en trouver!... quand on s'y prend si adroitement...

CLÉMENTINE, *suffoquant.* O mon Dieu! qui viendra me défendre?

ꝏꝏꝏꝏꝏꝏꝏꝏꝏꝏꝏꝏꝏꝏꝏꝏꝏꝏ ꝏꝏ ꝏꝏꝏ ꝏꝏꝏ

SCENE XVII.
Les Mêmes, MATHIAS PÈRE.

MATHIAS PÈRE, *parlant au fond.* Faites-moi le plaisir de rengaîner.... et tout de suite!.. a-t-on jamais vu?... deux étourneaux qui, au risque de s'éborgner!...

CLÉMENTINE, *effrayée.* Monsieur Léopold?..

LA COMTESSE, *retombant sur sa chaise.*

Voilà ce que je craignais!.. décidément.. oh! mes nerfs! mes nerfs!

MATHIAS PÈRE. Heureusement que, sans m'en douter, il paraît que je tire très-bien l'épée... car dès que l'adversaire de Léopold m'a aperçu... il m'a tourné le dos et s'est mis à se sauver!.. je n'ai pas eu le temps de l'envisager!

LA COMTESSE, *avec hauteur.* Se sauver... mon prétendu!.. un baron!..

MATHIAS PÈRE, *la regardant.* C'est votre prétendu?

LA COMTESSE. Apprenez, monsieur, que les barons ne se sauvent jamais...

MATHIAS PÈRE. C'est possible!.. mais il courait!.. c'est peut-être leur manière de se promener!..

LA COMTESSE. Rustre!.. (*A Clémentine.*) Voilà votre ouvrage!.. allons, mademoiselle, je vous l'ai dit... sortez!

MATHIAS PÈRE, *retenant Clémentine par la main.* Pourquoi donc?

LA COMTESSE. Parce que je ne puis plus supporter sa vue.

MATHIAS PÈRE, *lui montrant le fond.* Eh bien! allez-vous-en... qui est-ce qui vous en empêche?

LA COMTESSE, *outrée.* Hein?..

MATHIAS PÈRE. Moi... j'ai grand plaisir à voir cette aimable demoiselle, et je la prie de rester...

LA COMTESSE. Qu'est-ce que c'est?.. un manant qui ose me parler...

MATHIAS PÈRE, *ôtant son chapeau.* Pourquoi pas?.. le manant a bien osé parler à l'empereur!.. et il a trouvé que je parlais très-bien... je lui apportais de l'argent!...

LA COMTESSE. Ah! quel ton!.. (*A part.*) J'ai vu ce malotru quelque part.

MATHIAS PÈRE, *à part.* Ce visage gothique ne m'est pas inconnu... ah! j'y suis!.. cette comtesse de contrebande qui était attachée au corps diplomatique, et qui suivait tous les congrès!..

LA COMTESSE, *avec impatience.* Enfin!.. que me voulez-vous?

MATHIAS PÈRE, *la regardant sous le nez.* A vous, madame la comtesse?.. rien!.. je cherche une jeune personne : ça ne peut pas être vous, du moins je ne le pense pas... !(*regardant Clémentine*) et au portrait que m'en a fait mon ami Léopold... je croirais plutôt...

CLÉMENTINE. C'est monsieur Léopold qui vous envoie?

MATHIAS PÈRE. Oui, mon enfant... il a pensé que vous auriez besoin d'un appui...

LA COMTESSE, *avec ironie.* Quand je vous disais que vous n'en manqueriez pas!..

MATHIAS PÈRE. Et tandis qu'il fait des courses pour moi... je viens vous défendre pour lui...

LA COMTESSE, *d'un air moqueur*. La protégée sera tout-à-fait digne du protecteur !..

MATHIAS PÈRE. Je l'espère !

LA COMTESSE. Une petite fille qui a publiquement une intrigue !..

CLÉMENTINE. Madame !..

MATHIAS PÈRE. Ah ! l'horreur !.. il vaut bien mieux en avoir deux en secret !.. n'est-ce pas, madame la comtesse ?..

LA COMTESSE. Qu'est-ce que c'est ?..

MATHIAS PÈRE, *avec bonhomie*. Rien ! un souvenir historique...

LA COMTESSE. Qui se laisse baiser la main !..

MATHIAS PÈRE. Fi donc !.. il vaut bien mieux se laisser embrasser à la dérobée par un capitaine de Pandours... qui se cache sous la table, quand l'autre arrive... par une petite porte... hein ?.. n'est-ce pas, madame la comtesse ?..

LA COMTESSE. Plaît-il ?

MATHIAS PÈRE. Rien !.. encore de l'histoire ! de l'histoire ancienne, par exemple...

LA COMTESSE, *à Clémentine*. Et qui pousse l'effronterie jusqu'à vouloir se marier !

MATHIAS PÈRE. Oh !.. quelle dépravation !.. il vaut bien mieux n'épouser personne... et être très-bien avec un électeur, un comte, un major... successivement, ou à la fois... selon la circonstance... n'est-ce pas, madame la comtesse ?..

LA COMTESSE, *interdite*. Ah ! mon Dieu !..

MATHIAS PÈRE, *après un silence*. Hein ? vous ne dites plus rien ?.. eh bien ! allez donc !.. j'ai encore de quoi vous tenir tête !... j'ai une foule de souvenirs historiques !..

LA COMTESSE. Insolent !.. si mes nobles parens, les Stopps-Snach, les Tuttling-Dorff... les Offen-Stock-Field... étaient là !..

MATHIAS PÈRE. Parbleu ! ça me ferait plaisir !... je leur demanderais l'argent qu'ils me doivent...

LA COMTESSE. Si du moins mon nouvel époux...

MATHIAS PÈRE. Celui qui perd la tête et joue si bien des jambes ?.. (*prenant son bâton.*) je lui ferais recommencer sa promenade... oui, moi... moi... Jean-Claude Mathias... marchand de bœufs !..

LA COMTESSE, *outrée*. Ah !.. je suffoque ! plus de respect !.. plus rien de sacré !.. le torrent révolutionnaire a tout englouti !.. vous, mademoiselle... (*à Clémentine.*)

AIR *du Charlatanisme.*
Ne paraissez plus devant moi.
CLÉMENTINE, *les larmes aux yeux.*
Que deviendrai-je ?..
MATHIAS PÈRE.
Allons, point d'larmes,
Mon enfant, gn'y a vraiment pas d' quoi ;
N' suis-j' pas là ? calmez vos alarmes.
Madam' vous chasse, elle a raison !
Vous !.. dont la conduite est tout autre,
Près d'un' comtess' d'un tel renom,
D'moisell' de compagnie !.. oh ! non :
Ell' n' doit pas s' trouver dans la vôtre.

LA COMTESSE, *choquée*. Hum !..

MATHIAS PÈRE, *prenant Clémentine sous le bras*. Je me charge de vous, moi... je vous installe chez ma belle-fille... et là, du moins, vous n'aurez à craindre ni les séducteurs, ni les barons, ni les douairières de Stopps-Snach, d'Offen-Stock-Field.

LA COMTESSE, *furieuse*. Ah ! c'en est trop !.. et... (*Elle arrive sur Mathias père comme pour le dévisager, puis change de ton et dit d'une voix concentrée.*) Adieu !.. MARCHAND... (*elle fait quelques pas pour sortir, se retourne, et ajoute :*) DE BOEUFS !..
(Elle sort.)

SCÈNE XVIII.
MATHIAS PÈRE, CLÉMENTINE.

CLÉMENTINE. Mon Dieu !.. que lui ai-je donc fait ?..

MATHIAS PÈRE, *à lui-même*. Elle étouffe, tant mieux ! cette comtesse... de la main gauche... et encore !... je lui apprendrai !.. (*A Clémentine.*) Calmez-vous, chère enfant... je ne m'en dédis pas... je vous emmène avec moi...

CLÉMENTINE. Sans me connaître ?

MATHIAS PÈRE. A quoi bon ?.. il y a de ces figures qui n'ont pas besoin de répondans !.. vous avez un regard... une physionomie... je donnerais mille thalers pour que ma bru vous ressemblât... d'ailleurs, mon ami Léopold vous aime...

CLÉMENTINE, *baissant les yeux*. Monsieur !

MATHIAS PÈRE. Il ne faut pas rougir pour ça, mon enfant ; l'amour d'un honnête homme est le plus bel éloge d'une jeune fille... mais nous causerons de tout cela... j'ai envoyé Léopold faire des paiemens pour moi dans la ville, et dès qu'il sera de retour... en voiture !.. en route !.. tous les trois...

CLÉMENTINE. Quoi ! monsieur, vous daignerez ?..

MATHIAS PÈRE. Vous sauver des griffes d'une méchante femme !.. eh bien ! vous m'aimerez un peu en retour... voilà tout... n'est-ce pas, mon enfant ?.. ah çà ! comme nous arriverons au milieu de la noce de mon fils, il serait bon de faire tout de suite un peu de toilette...

CLÉMENTINE. Mon Dieu ! je n'ai que des robes bien simples...

MATHIAS PÈRE, *à part*. Pauvre petite ! (*Haut.*) Eh bien ! est-ce qu'il n'y a pas des marchands dans la ville ?.. est-ce que je ne suis pas là, moi ?..

CLÉMENTINE, *touchée*. Vous voulez encore ?..

MATHIAS PÈRE. Est-ce que je ne sais pas que les jeunes filles ont toujours quelque fantaisie ?.. c'est tout simple... allons, demandez-moi ce que vous voudrez... des dentelles, des bijoux...

CLÉMENTINE, *lui prenant la main pour le remercier*. Ah ! que vous êtes bon !... (*A part et apercevant la bague qu'il a au doigt.*) Que vois-je ?.. cette bague !.. c'est bien elle !.. ah ! si j'osais !..

MATHIAS PÈRE, *de même*. Eh bien !... vous désirez quelque chose, je vois cela ?..

CLÉMENTINE, *timidement et regardant toujours la bague*. Oui... je l'avoue... il dépendrait de vous de me rendre bien heureuse...

MATHIAS PÈRE. Qu'est-ce que je disais ?..

CLÉMENTINE. Mais... vous me trouverez si indiscrète !...

MATHIAS PÈRE. Dites toujours... qu'est-ce que vous voulez ?...

CLÉMENTINE. Eh bien !... cette bague...

MATHIAS PÈRE, *étonné*. Cette bague ?. pourquoi faire ?..

CLÉMENTINE. Pour la porter.

MATHIAS PÈRE. Quelle idée ! un méchant petit camée... je vous en donnerai dix plus belles !..

CLÉMENTINE. Oh ! non... celle-là seulement...

MATHIAS PÈRE, *avec contrariété*. Allons ! j'ai du malheur !.. la première chose que vous me demandez...

CLÉMENTINE. Quoi... cette bague ?..

MATHIAS PÈRE. Je ne m'en séparerais pas pour la moitié de ma fortune...

CLÉMENTINE. Comment ?..

MATHIAS PÈRE. Oh !.. c'est une vieille histoire, qui ne peut vous intéresser.

CLÉMENTINE. N'importe... dites-moi... je vous en supplie !..

MATHIAS PÈRE. Mon Dieu ! ce n'est pas un secret !.... j'avais dix ou douze ans..... vous voyez que je remonte un peu haut... et je gagnais ma vie à vendre des fagots de porte en porte... voilà mon origine !.. ça n'est pas brillant, mais je n'en rougis pas ! au contraire..... je n'avais pour tout bien qu'un âne... oh ! mais un âne charmant !.. il fallait le voir... de beaux yeux... un nez... des oreilles !.. des oreilles, ça va sans dire...

et un air d'intelligence, au-dessus de son état !.... Pauvre Brisquet !.... je l'aimais comme un frère, comme un ami, ma joie, ma consolation... jugez de mon désespoir, quand un matin j'arrive pour l'étriller... je le trouve mort !

CLÉMENTINE. Mort !..

MATHIAS PÈRE. De fatigue peut-être... ou de vieillesse !.. que sais-je !.... tout le village fut réveillé par mes cris !.. je voulais me pendre à côté de lui... je pleurais... hé ! tenez, je crois que je pleure encore d'y penser !.. (*Souriant, en essuyant une larme.*) est-ce bête !.. après quarante ans !.. un jeune chasseur, qui m'avait entendu s'approche, s'informe... c'était le seigneur des environs.

CLÉMENTINE, *plus attentive*. Le seigneur ?

MATHIAS PÈRE. Un brave et digne jeune homme... que tout le monde chérissait !.. Qu'est-ce que tu as, mon garçon ? qu'il me dit avec bonté. — Je sanglote de plus belle en lui montrant le pauvre défunt... C'était ma seule richesse... je suis ruiné !.. — Eh bien ! qu'il me dit, faut en acheter un autre ! — Ah ! ce ne serait pas le même, et puis je n'ai pas de quoi. — C'est donc bien cher, un âne ? qu'il me dit. — Je crois bien... quinze florins ! — Eh bien ! achètes-en deux !.... et je sens dans ma casquette une grosse bourse qu'il y avait glissée..... quarante florins !.... et sans me donner le temps de le remercier, il s'éloigne en me faisant un petit signe si doux, si bon..... comme un ange doit vous regarder quand il vous a sauvé !..

CLÉMENTINE, *à part*. Oh ! c'était lui !.. je le reconnais là !..

MATHIAS PÈRE. Dam..... quand je me vis à la tête de deux ânes... je l'avoue à ma honte, je fus presque consolé !.. j'avais toujours eu de l'ambition... je me lançai... je me mis à porter des choux..... des carottes... à vendre de la volaille... puis, des moutons, des veaux, des bœufs... le commerce en grand !..... je parcourus l'Allemagne... je fis une fortune inouie... mais sans jamais oublier celui à qui je la devais... enfin, au bout de vingt années, je revenais heureux et fier..... pour lui dire : Je suis riche... j'ai de l'argent, de l'or... en avez-vous besoin ?.. prenez !.... il n'était plus !.. (*Clémentine lève les yeux au ciel, en poussant un soupir.*) Mort de chagrin !.. ruiné !.... par ses bienfaits, par des parens avides, par des gens d'affaires, des coquins !.. quand j'arrivai, on vendait tout pour payer ses dettes !.. à force de prières, et en offrant vingt fois sa valeur... j'obtins cette bague qu'il portait toujours !.. jugez maintenant si je puis m'en séparer !...

CLÉMENTINE, *émue*. Et jugez si j'avais tort de la désirer !.. c'était mon père !

MATHIAS PÈRE, *frappé*. Votre père !... M. de Muhldorf ?...

CLÉMENTINE. Le baron Hermann !

MATHIAS PÈRE.
AIR *de la Robe et les Bottes*.
Sa fille, vous !

CLÉMENTINE:
Oui, je l'atteste ;
Et j'en puis, sans aller bien loin,
Donner la preuve manifeste.

MATHIAS PÈRE, *avec élan*.
Fi donc ! il n'en est pas besoin ;
Non, ça doit êtr'... mon ame émue
En croit un' preuv' qui n'tromp' jamais...
Car, sitôt que je vous ai vue,
J'ai senti que je vous aimais.

(*Tremblant d'émotion*.) La fille de mon bienfaiteur... dans l'abandon !.. méconnue, humiliée !.. et je ne le savais pas... et vous ne m'avez pas prévenu !...

CLÉMENTINE. Je ne vous connaissais pas, monsieur !

MATHIAS PÈRE, *avec explosion*. C'est égal, il fallait m'écrire... Je serais accouru de mille lieues, pour vous crier : Mon enfant, vous n'avez plus de père ; en voilà un qui vous tend les bras.

CLÉMENTINE, *dans ses bras*. Ah ! monsieur...

MATHIAS PÈRE. Mon enfant !.. ma fille ! oui, votre père... Ah ! pardon d'oser prendre un titre...

CLÉMENTINE. Que je serai si heureuse de vous donner !

MATHIAS PÈRE. Ah ! j'en remplirai les devoirs, et d'abord prenez cette bague que vous seule devez porter...

CLÉMENTINE. Non, maintenant j'aime mieux la voir à votre main !., elle me rappelle une bonne action de mon pauvre père !

MATHIAS PÈRE. Et puis vous en aurez bien d'autres, ma foi !... des bagues... des diamans... ma fortune... tout ce que je possède....

CLÉMENTINE. Comment !..

MATHIAS PÈRE. Tout est à vous.

CLÉMENTINE, *en souriant*. Et votre fils ?

MATHIAS PÈRE. Ah ! c'est juste... pauvre garçon... je l'oubliais... moitié pour lui... moitié pour vous...

CLÉMENTINE. Mais...

MATHIAS PÈRE. Si vous raisonnez, vous aurez tout... oui, et vous serez la maîtresse chez moi... il n'y a pas de bru qui tienne !.. vous d'abord, ma fille, ma fille chérie !..tout ce qu'il y a de plus beau... et un bon mari. Dieu ! si j'avais un autre fils ; c'est égal, j'en sais un... il vous rendra heureuse,

ou il aura affaire à moi... J'étouffe de bonheur... de joie ! (*comme suffoqué*) tenez, mon enfant... ayez pitié de moi... il faut que nous partions sur-le-champ... que je voye mon François, que je vous embrasse tous à la fois...

CLÉMENTINE. Ne suis-je pas à vos ordres ?

MATHIAS PÈRE. Eh bien ! allez vite faire votre petit paquet...

CLÉMENTINE. J'y cours .. (*A part.*) Ah ! quand Léopold saura... (*Haut.*) Adieu, monsieur...

MATHIAS PÈRE. Hein ?

CLÉMENTINE. Adieu, mon père !... (*Lui baisant la main.*) Ah ! que je suis heureuse !

(*Elle sort.*)

SCÈNE XIX.

MATHIAS PÈRE, *puis* HANTZ.

MATHIAS PÈRE, *seul*. Et moi donc, j'en ferai une maladie de satisfaction... Ah çà ! voyons si tout se dispose, (*il regarde*) oui, on met les chevaux à la chaise de poste... et mon vieux Grippmann monte dans la carriole pour aller à Vienne... il part... à merveille !.. dès que cette chère enfant sera prête...

HANTZ, *entrant d'un autre côté*. J'ai guetté le départ de la carriole... le bonhomme est déjà loin, et nous pouvons...

MATHIAS PÈRE. Tiens, ce visage !

HANTZ, *se trouvant nez-à-nez avec lui*. Ouf !... c'est lui... d'où diable sort-il ?...

MATHIAS PÈRE, *gaîment*. Je ne me trompe pas, c'est l'intime de mon fils... qui, aux vacances, lampait si bien mon vin du Rhin...

HANTZ, *à part*. Au moment où l'on va signer le contrat... (*Il veut sortir d'un air distrait, en chantonnant le duo des Puritains.*) To, ta, ta, ta, ta, ta, ta, di, dé, di, dé, di, dé, don...

MATHIAS PÈRE, *l'arrêtant et lui frappant amicalement un grand coup dans l'estomac*. Eh bien ! lurron... tu ne me reconnais pas ?

HANTZ, *feignant une grande surprise*. Oh ! ciel !... dieux !... ces traits... c'est le respectable père de mon respectable ami !...

(*Il lui saute au cou.*)

MATHIAS PÈRE. Oh ! tu m'étouffes...

HANTZ. Le bonheur !.. ça me fait un effet !... (*voulant sortir*) il faut même que j'aille prendre quelque chose !

MATHIAS PÈRE, *l'arrêtant*. Pas avant de me dire comment tu te trouves à Bade, toi qui ne quittais jamais mon fils !...

HANTZ. Votre fils?... certainement...
Va-t-il être joyeux!...

MATHIAS PÈRE. Est-ce qu'il est ici?

HANTZ, *embarrassé.* Non... C'est-à-dire,
dans un sens... parce que j'ai pris les de-
vans...

MATHIAS PÈRE. Il va donc venir?...

HANTZ, *s'embrouillant.* Du tout... c'est
la famille de la future... qui a exigé...
alors, moi... je suis venu... et dans l'in-
tervalle, il a dû vous écrire... (*A part.*)
Je patauge d'une manière atroce... (*Haut.*)
Du reste, je vais vous expliquer...

SCENE X.

LES MÊMES ; PETERS, *accourant.*

PÉTERS, *bas à Hantz.* Monsieur!... un
petit mot de mon maître...

HANTZ, *haut à Mathias père.* Pardon!...
des détails de maison... (*Il lit à part.*) « Je
» ne puis quitter la comtesse... Mon père
» est ici... » (*A part.*) Parbleu! je le sais
bien... (*Lisant.*) « A tout prix, qu'il ne
» paraisse pas... éloigne-le... ou c'est fait
» de nous!.... » (*Bas à Péters.*) C'est
bon!...

PÉTERS, *bas.* Vous allez venir?...

HANTZ, *le poussant.* Plus tard.

PÉTERS, *haut.* C'est que M. Mathias veut
absolument vous parler.

MATHIAS PÈRE. M. Mathias!...

HANTZ, *donnant un coup de pied à Péters
et le renvoyant.* Oh! le butor!...

PÉTERS, *en sortant, et se frottant la jambe.*
Je vas lui rendre votre réponse...

MATHIAS PÈRE. Mathias!... mon fils!...
il est donc ici?...

HANTZ, *d'un air ouvert.* Eh bien! oui...
Je ne voulais pas vous le dire... une surprise... j'allais vous conduire dans ses
bras...

MATHIAS PÈRE. Ah! courons... courons
vite...

HANTZ, *à part.* Où diable vais-je le promener?

MATHIAS PÈRE. Mon bon François!...
j'ai tant de nouvelles à lui apprendre... un
autre enfant que j'ai retrouvé...

HANTZ, *à part.* Bon!... la moitié de la
succession flambée. Si c'est pour nous dire
cela qu'il est venu...

MATHIAS PÈRE. Conduis-moi vite... où
faut-il aller?

HANTZ. A l'autre bout de la ville... chez
sa future... un hôtel magnifique!..

MATHIAS PÈRE. Bien! bien!

HANTZ, *à part.* Je n'ai qu'un moyen. Cette
petite chambre au cinquième, que j'ai

dans le faubourg... je l'y enferme à double tour, jusqu'à demain... et...

MATHIAS PÈRE. Partons, partons!.. mon
pauvre fils!... je ne me sens pas d'aise.
(*Apercevant Léopold.*) Ah! c'est toi, mon
garçon...

SCENE XXI.
LES MÊMES, LÉOPOLD.

LÉOPOLD. J'ai fait toutes vos courses...
et maintenant...

MATHIAS PÈRE. Nous ne partons plus,
mon ami...

LÉOPOLD. Comment?..

MATHIAS PÈRE. Mon fils est ici... je cours
d'abord au plus pressé... je cours l'embrasser!... mais je reviens vous chercher tous
deux pour la noce... le bal... Ah!... j'oubliais... cette bonne Clémentine... (*Tirant
un écrin de sa poche.*) Tu lui diras de mettre ceci... je l'exige... je veux qu'elle
éclipse tout le monde...

LÉOPOLD, *prenant l'écrin.* Qu'est-ce
donc?...

MATHIAS PÈRE. Des diamans... que je
destinais à ma belle-fille... je lui en ache-
terai d'autres.

LÉOPOLD, *étonné.* Des diamans... Clémentine?..

MATHIAS PÈRE. Elle a droit de les porter... et de plus beaux encore... si tu savais!.. c'est un grand nom... une grande
dame!.. la voilà riche... heureuse...

LÉOPOLD. Une grande dame?..

HANTZ, *impatienté.* Allons donc, monsieur Mathias...

MATHIAS PÈRE, *le suivant.* Je te conterai
tout cela... dès que j'aurai embrassé mon
fils...

(Il sort, entraîné par Hantz.)

SCENE XXII.
LÉOPOLD, *puis* CLÉMENTINE.

LÉOPOLD, *seul.* Un grand nom... elle...
Clémentine!... adieu toutes mes espé-
rances... tous mes rêves... moi, qui accou-
rais plein de joie... (*Avec un soupir.*) Il n'y
faut plus penser...

CLÉMENTINE [*entre, vêtue d'une robe
blanche, coiffée en cheveux. A elle-
même.*) Je me suis dépêchée... (*Voyant
Léopold.*) Ah!... c'est vous, monsieur
Léopold?.. avez-vous vu M. Mathias?..

LÉOPOLD. Je le quitte à l'instant, mademoiselle...

CLÉMENTINE. Il ne vous a rien dit?...

LÉOPOLD. Si fait... il m'a parlé de beau-
coup de choses que j'ai peine à comprendre... il m'a chargé de vous remettre ces

diamans, dont il vous prie de vous parer
sur-le-champ !...

CLÉMENTINE, *souriant et prenant l'écrin.*
Des diamans pour courir la poste?

LÉOPOLD. Vous ne partez plus... son fils
est ici... et pour paraître à sa noce...

CLÉMENTINE, *qui a ouvert l'écrin.* Ah !..
que c'est beau !.. un collier... des boucles
d'oreilles... jamais je n'oserai mettre cela.

LÉOPOLD. M. Mathias l'exige...

CLÉMENTINE. Je ne veux pas le contra-
rier... mais en vérité, tout ce qui m'arrive me semble un rêve!... un chan-
gement si inattendu... (*Tout en causant
elle se pare avec les diamans.*) Car, vous ne
savez pas...

LÉOPOLD, *d'un air contraint.* Si, si...
mademoiselle... j'ai appris qu'un événe-
ment heureux... je vous félicite bien sin-
cèrement...

CLÉMENTINE.
AIR : *Si je suis infidèle.* (La Fiancée.)
Quelle froideur soudaine !
Eh ! bon Dieu! mon bonheur
Vous fait-il de la peine?
LÉOPOLD.
Jugez mieux de mon cœur :
Je vous vois si distraite
Par l'éclat des bijoux...
CLÉMENTINE, *achevant d'attacher ses boucles d'o-
reilles.*
Vous me croyez coquette,
C'est bien mal entre nous.
(*Se tournant vers lui.*)
Voyons, monsieur, comment me trouvez-vous ?
Dites, monsieur, comment me trouvez-vous ?

LÉOPOLD. Très-bien!.. cependant, vous
me sembliez mieux ce matin... maintenant, que vous voilà riche... grande dame.

CLÉMENTINE, *souriant.* Grande dame !...
moi... quelle folie !... il n'en est rien, je
vous jure... si j'ai retrouvé un ami... si j'ai
repris un nom que j'avais trop de raisons
de cacher... en quoi cela peut-il vous at-
trister?..

LÉOPOLD. C'est que moi, je n'ai changé
ni de nom... ni de fortune...

CLÉMENTINE. Eh bien! croyez-vous que
je ne me souvienne plus que ce matin,
quand j'étais abandonnée de tous, je n'avais
qu'un seul appui... qui me disait alors...
(*Le regardant en dessous.*) Qu'est-ce que
vous me disiez donc ce matin, monsieur?...

LÉOPOLD, *avec embarras.* Je ne me rappelle pas...

CLÉMENTINE. Moi, je ne l'ai pas oublié... et, quoique peut-être ce ne soit pas
convenable, je vous le répéterai : vous
ne désiriez la fortune que pour me l'offrir... moi, je ne veux un sort heureux
que pour le partager avec vous...

LÉOPOLD, *avec joie.* Ciel !...

CLÉMENTINE. Et si l'on s'y opposait.....
eh bien !
Même air que le précédent.
Sans regret, sans tristesse,
Soudain je répondrais :
Reprenez ma richesse,
Vos dons et vos bienfaits!
Moi, devenir ingrate !
Rester pauvre est plus doux!
LÉOPOLD, *avec transport.*
Dieu ! Quel espoir me flatte !
CLÉMENTINE, *tendrement.*
Toujours! toujours à vous !
(*Se tournant vers lui en souriant.*)
Et maintenant comment me trouvez-vous ?
Mais, parlez donc, comment me trouvez-vous ?

LÉOPOLD, *lui baisant la main.* Ah !...
plus jolie que jamais... mille fois mieux
que ce matin...

CLÉMENTINE. J'en étais sûre !.. (*Regardant au fond.*) Eh! mais... quelle foule!...

LÉOPOLD. Ah !... sans doute... la noce
de ce baron ridicule...

CLÉMENTINE, *effrayée.* Ils viennent
ici... ah! mon Dieu!.. la comtesse qui m'a
défendu de reparaître devant elle...

LÉOPOLD. Il faut attendre M. Mathias !
que craignez-vous, d'ailleurs?.. ne suis-je
pas là?...

CLÉMENTINE. Oh!... c'est égal..... j'ai
peur !...
(Elle se cache dans un coin, à l'extrémité du théâtre.
Léopold est près d'elle.)

SCÈNE XXIII.
LES MÊMES, MATHIAS FILS, LA COM-
TESSE, *en toilette,* LE NOTAIRE,
HOMMES ET FEMMES, INVITÉS, *puis*
HANTZ.

CHOEUR.
AIR : *Contre-danse du Cheval de bronze.*
Le plaisir nous engage,
Sous cet aimable ombrage,
De ce doux mariage
L'amour fait les apprêts
Et les frais !
MATHIAS FILS, *se pavanant.*
Ah ! quel beau jour !.. quel moment,
Pour le plus tendre amant !..
LA COMTESSE.
Ah ! quel beau jour !.. quel moment,
Pour un cœur trop aimant !..
MATHIAS FILS, *baisant la main de la comtesse.*
A ma tendresse
Rien n'est égal...
Oui, mon bonheur me fait mal.
(*A ses amis.*)
Avec ivresse
Venez tous
Chanter avec nous :
CHOEUR.
Le plaisir nous engage
Sous cet aimable ombrage, etc.

MATHIAS FILS. Oui, mesdames, nous
allons signer ici... sous ces arbres!... pen-
dant que l'on prépare la salle du bal et
du banquet!... (*A part.*) J'ai une peur de
rencontrer papa...

LA COMTESSE, *à part.* Pourvu que cet horrible marchand ne vienne pas encore m'apostropher!...

HANTZ, *qui est entré doucement, et frappant sur l'épaule de Mathias fils, bas.* Dépêche-toi!...

MATHIAS FILS, *tressaillant.* Le diable t'emporte!.. j'ai cru que c'était papa...

HANTZ, *bas.* Il est en sûreté...

MATHIAS FILS, *bas.* Où ça?...

HANTZ, *bas.* Je te le dirai...

LA COMTESSE. Eh bien! baron... qu'attendez-vous?

MATHIAS FILS. Rien, comtesse... que l'homme indispensable, le notaire obligé... (*Le notaire entre.*) Ah! le voici...

HANTZ. Arrivez donc!..

LA COMTESSE, *le faisant asseoir à la table de pierre.* Mettez-vous là, monsieur le notaire...
(*Le notaire baise la main à la comtesse avant de s'asseoir.*)

MATHIAS FILS. Et signons!... (*Montrant les invités.*) Voici nos amis... nos témoins, et... (*Il s'arrête en voyant Clémentine.*) Tiens!... cette petite... qu'est-ce qu'elle fait donc là?

LA COMTESSE. Comment... malgré ma défense...

MATHIAS FILS. Et avec l'étudiant... c'est d'une effronterie.

LA COMTESSE, *aux dames.* Une créature que j'ai chassée de chez moi...

CLÉMENTINE, *bas à Léopold.* Comme on nous regarde!...

LA COMTESSE. Oser se mêler à ce que la noblesse a de plus pur. (*A Clémentine avec un geste impératif.*) Éloignez-vous!...

LÉOPOLD, *arrêtant Clémentine qui fait un pas pour sortir.* Vous allez lui obéir!..

CLÉMENTINE. Dam!... l'habitude...

MATHIAS FILS, *à Léopold.* Allons... allons... ce n'est pas ici votre place...

LÉOPOLD, *fièrement.* Pourquoi donc, monsieur?..

MATHIAS FILS. Parce que... c'est la mienne...

LÉOPOLD, *avec ironie.* Ce motif devrait me suffire pour la quitter... mais ce jardin appartient à tout le monde... et j'y reste...

MATHIAS FILS. Comment, drôle!

CLÉMENTINE, *retenant Léopold.* Monsieur Léopold...

LA COMTESSE. Toutes les classes sont confondues! si l'officier de police était là... (*Remarquant la toilette de Clémentine.*) Et cette parure... ces diamans...

TOUS. Des diamans...

LA COMTESSE. Sur un cou roturier!..

MATHIAS FILS. L'étudiant se lance!...

CLÉMENTINE. Oh! mon Dieu!... ils oseraient soupçonner!...

LÉOPOLD, *à Mathias fils.* Monsieur...

LA COMTESSE. On saura où ils les ont pris!... qu'on aille chercher l'officier de police...

LÉOPOLD, *indigné.* C'est tout ce que je demande!

HANTZ, *remontant la scène.* J'y cours...

MATHIAS FILS, *avec aplomb.* Il ne l'attendra pas...

LÉOPOLD, *vivement.* Nous verrons, monsieur, qui de nous l'évitera... et c'est à lui que je demanderai justice!..

HANTZ, *au fond et à part.* Dieu! (*Revenant rapidement près de Mathias fils.*) Ton père!.. ton père... qui s'est échappé...

MATHIAS FILS, *tremblant.* Hein?

HANTZ, *bas.* Le voilà qui accourt...

MATHIAS FILS, *à part.* Sauve qui peut!

LA COMTESSE. Qu'avez-vous, baron?...

MATHIAS, *balbutiant.* Rien, rien... comtesse... je dis que... certainement... il ne l'attendra pas... (*A part, et cherchant des yeux un endroit pour se cacher.*) Où me fourrer?.. Oh! ce pavillon...
(*Il se jette dans le pavillon à droite dont il laisse la porte entr'ouverte.*)

<hr>

SCÈNE XXIV.

LES MÊMES, *excepté* MATHIAS FILS.

LA COMTESSE, *regardant Clémentine et Léopold.* Et l'on découvrira peut-être aussi où monsieur a trouvé de quoi fournir à d'aussi folles dépenses!..

CLÉMENTINE, *avec désespoir.* Ah! c'est fait de moi!...

LÉOPOLD, *furieux.* C'en est trop, madame, et si je ne respectais...

LA COMTESSE *l'interrompant.* Vous allez dire une impertinence, monsieur!... mais cela ne vous sauvera pas! j'ai le droit de m'informer...

LÉOPOLD. Vous n'en avez aucun!

LA COMTESSE. Mademoiselle était chez moi!..

LÉOPOLD. Elle n'y est plus.

LA COMTESSE. Mon honneur est intéressé...et le baron lui même, mon époux... (*Se tournant du côté où était Mathias fils.*) Parlez donc, baron, faites comprendre à monsieur... (*Ne le voyant pas.*) Eh bien! eh bien! qu'est-ce qu'il est donc devenu?

LÉOPOLD. J'en étais sûr!.. voilà la seconde fois qu'il m'échappe!

LA COMTESSE, *troublée et l'appelant.* Baron! vous n'avez pas vu le baron, monsieur Hantz?

HANTZ, *embarrassé*. Non; je ne sais... (*A part.*) Le futur s'est évaporé... si je pouvais en faire autant!

LA COMTESSE. Mais, monsieur Hantz, que signifient ce trouble, cette confusion? (*Regardant à droite.*) Et cette foule au milieu de laquelle un homme se débat?...

HANTZ, *à part.* C'est le père... (*Haut.*) Sans doute quelque dispute... je vais m'informer...

LA COMTESSE, *le retenant.* Ne me quittez pas!.. je vais m'évanouir!..

HANTZ, *la soutenant.* Que le diable l'emporte!..

MATHIAS PÈRE, *en dehors.* Où est-il?... où est-il?.. ne me retenez pas!..

LÉOPOLD *et* **CLÉMENTINE.** C'est sa voix!

CHOEUR, *regardant.*

AIR : *Ici nous accourons.*

Voyez... on suit ses pas.
Ah! quelle rumeur effrayante...
Il échappe à leurs bras...
On l'entoure et la foule augmente.

LA COMTESSE.

Chacun fuit avec effroi.

HANTZ.

C'est un fou, moi je le croi.

LÉOPOLD *et* CLÉMENTINE.

Non, non, calmons notre effroi!..
C'est notre ami... je le voi...

LA COMTESSE, *éperdue.*

Tout vient me glacer!..
Veut-on rallumer la fournaise
Et recommencer
La révolution française!..

CHOEUR.

Voyez... on suit ses pas, etc.

MATHIAS PÈRE, *en dehors.* Je veux le voir... je le trouverai.

LA COMTESSE. Ah! mon Dieu!.. encore ce bourru de marchand...

HANTZ, *à part.* Il bouscule tout le monde... gare la bombe!...

○○○○○○○○○ ○○○ ○○○○○○○○○○○○○○○○○○○○○○○○○○○

SCENE XXV.

LES MÊMES, **MATHIAS PÈRE**, *il est pâle, ses habits et ses cheveux sont en désordre.*

MATHIAS PÈRE, *tremblant de colère.* Où est l'infâme?.. le misérable?..

LA COMTESSE. Qui donc?

MATHIAS PÈRE. Votre futur!.. mon fils!..

TOUS. Son fils!...

LA COMTESSE. Qu'osez-vous dire?..

MATHIAS PÈRE, *d'une voix altérée.* Oui, mon fils... François Mathias...

LA COMTESSE, *suffoquée.* Ah! grand Dieu!... j'allais épouser le fils...

MATHIAS PÈRE. Qui n'est pas plus baron que vous comtesse.... qui rougit de son père... de mon nom... qui le renie... il a raison, car il le déshonore!..

CLÉMENTINE, *courant dans ses bras.* Oh! c'est impossible.

MATHIAS PÈRE, *amèrement.* Ah! vous ne savez pas, mon enfant, ce dont l'orgueil est capable!.. vous ne savez pas!.. il craignait l'ingrat, que ma présence ne fît manquer ce mariage!.. pour m'empêcher d'y paraître il m'a trompé, il m'a fait enfermer... emprisonner... oui, emprisonner... dans une chambre froide, exposé à d'indignes traitemens, aux insultes d'un valet, qui par son ordre, a osé porter la main sur moi!.. sur moi, sur son père!..

CLÉMENTINE *et* **LÉOPOLD**, *le serrant dans leurs bras.* Ah!

HANTZ. Non... non, monsieur Mathias, je suis seul coupable, je vous jure... et si l'on a dépassé mes ordres, mon ami ignorait...

MATHIAS PÈRE. Je donnerais mon sang pour que cela fût vrai!.. mais ce billet de lui, tombé de ta poche, quand tu t'es échappé. (*Lisant.*) « Éloigne mon père à » tout prix. »

(Il le lui jette.)

HANTZ, *confondu.* Sa lettre!..

MATHIAS PÈRE. Et Péters qui m'a tout avoué... (*Avec fierté.*) Heureusement ce nom qu'il méprise est estimé, respecté en Allemagne!.. je n'ai eu qu'à le faire retentir dans le voisinage, pour être délivré, et pour venir châtier le fils dénaturé... (*Regardant autour de lui.*) Encore une fois, où est-il?.. (*silence*) vous vous taisez... *En ce moment, la porte du pavillon se ferme.*) Il est là!..

CLÉMENTINE, *s'élançant après lui.* Ah! n'oubliez pas qu'il est votre fils.

MATHIAS PÈRE, *étouffé par ses larmes.* S'est-il souvenu que j'étais son père?.. mais je me punirai d'avoir voulu l'élever au-dessus de moi, d'en avoir fait un oisif, un ingrat... ce titre de baron qu'il usurpait, il l'avait réellement!..

TOUS. Que dites-vous?

MATHIAS PÈRE. Oui, une faiblesse.... une folie de vieillard... ce que je dédaignais pour moi, je le voulais pour lui... j'avais acheté le château, la baronie de Muhldorf... (*Montrant un papier.*) Cette donation lui en assurait le titre... il ne le portera jamais... (*Il le déchire.*) Ces biens, je les rends à leur légitime propriétaire... à vous, mon enfant... à mademoiselle de Muhldorf.

HANTZ *et* **LÉOPOLD.** Mlle de Muhldorf!..

LA COMTESSE. Quoi!.. cette petite... qui se trouve être...?

HANTZ. La fille de son père... c'est la révolution française qui est cause de ça.

MATHIAS PÈRE, *à Clémentine et Léopold.* Oui, à vous deux... vous êtes dignes l'un de l'autre, vous serez mes enfans... je vous donne tout ce que j'ai.

CLÉMENTINE *et* LÉOPOLD. Jamais... jamais !

MATHIAS PÈRE. Est-ce que vous rougissez aussi de moi ?.. je ne puis donc aimer personne ?

LÉOPOLD *et* CLÉMENTINE. Non non !..

CLÉMENTINE, *dans ses bras.* Moi, rougir de vous !.. je suis fière de votre tendresse, d'être appelée votre fille, pour vous aimer, pour ne jamais vous quitter... mais votre fils...

MATHIAS PÈRE, *avec force.* Il ne l'est plus.

CLÉMENTINE. Si, vous l'aimez encore.

MATHIAS PÈRE, *se cachant dans ses bras.* Eh bien ! oui, c'est vrai... mais ne le lui dites pas, j'en ai honte... (*Elevant la voix.*) et s'il veut regagner mon affection, s'il veut retrouver quelque chose pour lui dans ce cœur qu'il **a** déchiré... (*Se tournant vers le pavillon.*) Qu'il parte, qu'il parte sur-le-champ... la voiture est là, toute prête... qu'il quitte ses faux amis qui me l'ont corrompu... qu'il retourne dans notre village... (*S'approchant du pavillon.*) S'il hésite un instant, je jure que ma malédiction... (*Il ouvre la porte du pavillon, comme pour accabler son fils, et s'arrête étonné sur le seuil.*) Personne !..

LÉOPOLD. La fenêtre est ouverte...

CLÉMENTINE. Et ce papier, sur la table !

LÉOPOLD, *qui a été le prendre.* Un seul mot. *(lisant.)* « J'obéis, mon père. »

MATHIAS PÈRE, *avec joie.* Ah !.. (*On entend le roulement d'une voiture.*) Il part ! tout n'est pas perdu.

CLÉMENTINE. Non ! car il vous aime aussi, lui...

LÉOPOLD. Oui, oui, il vous aime.

MATHIAS PÈRE, *l'embrassant.* Merci !.. merci, mon enfant, vous me comprenez, vous... (*S'essuyant les yeux.*) Au fait, pourquoi ne m'aimerait-il pas ?.. je l'ai tant aimé, moi !.. et puis, le cœur est bon, n'est-ce pas ?.. c'est l'entraînement... les mauvais conseils... (*Hantz s'approche, le regardant de travers.*) Tu es encore là, toi ! va-t'en va-t'en !..

HANTZ. Mais vous me permettrez de...

MATHIAS PÈRE. Tout ce que je te permets, c'est d'épouser madame... (*montrant la comtesse*) si cela peut lui plaire.

HANTZ, *se sauvant de côté.* Par exemple !..

LA COMTESSE, *indignée.* Quelle horreur !...

(Elle disparaît d'un côté et Hantz de l'autre.)

MATHIAS PÈRE. Bon débarras !.. (*Prenant Clémentine et Léopold dans ses bras.*) Vous ne me quitterez plus, vous, mes amis ! et si l'autre se corrige... eh bien ! j'aurai trois enfans au lieu d'un... ce sera tout bénéfice !

CHOEUR FINAL.

AIR : *Être aimé et mourir.*
Allons, plus de tristesse,
Et près de sa vieillesse
Enchaînons à jamais
Le bonheur et la paix !

MATHIAS PÈRE, *au public.*
AIR : *J'en guette un petit de mon âge.*
Devant nos jug's, nous allons comparaître.
Si de mon fils les défauts sont nombreux,
Le pauvre père est bien bon... et peut-être
Qu'en sa faveur, on s'ra moins rigoureux !
Allons, messieurs, point d'arrêt trop sévère;
Songez qu'tous deux, nous somm's si bien unis,
Que vous n' pouvez frapper le fils,
Sans que ça r'tombe sur le père !

CHOEUR.
Allons, plus de tristesse, etc.

FIN.

IMPRIMERIE DE Vᵉ DONDEY-DUPRÉ, RUE SAINT-LOUIS, 46, AU MARAIS.

www.ingramcontent.com/pod-product-compliance
Lightning Source LLC
LaVergne TN
LVHW051341200726
843510LV00002B/748